BEI GRIN MACHT SICH IHR WISSEN BEZAHLT

AF144699

- Wir veröffentlichen Ihre Hausarbeit,
  Bachelor- und Masterarbeit

- Ihr eigenes eBook und Buch -
  weltweit in allen wichtigen Shops

- Verdienen Sie an jedem Verkauf

Jetzt bei www.GRIN.com hochladen und kostenlos publizieren

Durch Künstliche Intelligenz (KI) unterstützte Applikationen. Interaktionsmöglichkeiten im Internet mit Fokus auf Sicherheit, Flexibilität und Effektivität

Felix Endres

Bibliografische Information der Deutschen Nationalbibliothek:

Die Deutsche Nationalbibliothek verzeichnet diese Publikation in der Deutschen Nationalbibliografie; detaillierte bibliografische Daten sind im Internet über http://dnb.d-nb.de abrufbar.

ISBN: 9783346938640
Dieses Buch ist auch als E-Book erhältlich.

Druck und Bindung: Books on Demand GmbH, Norderstedt Germany
Gedruckt auf säurefreiem Papier aus verantwortungsvollen Quellen

Das vorliegende Werk wurde sorgfältig erarbeitet. Dennoch übernehmen Autoren und Verlag für die Richtigkeit von Angaben, Hinweisen, Links und Ratschlägen sowie eventuelle Druckfehler keine Haftung.

Das Buch bei GRIN: https://www.grin.com/document/1390955

Assignment

Felix Endres

Thema:
Interaktionsmöglichkeiten von Künstlicher Intelligenz unterstützter Applikationen im Internet

Inhaltsverzeichnis

Abbildungsverzeichnis

Abkürzungsverzeichnis

Die in dieser Hausarbeit verwendeten Personenbezeichnungen beziehen sich immer gleichermaßen auf weibliche, männliche und Personen die sich als divers identifizieren. Auf eine Doppelnennung und gegenderte Bezeichnungen wird zugunsten einer besseren Lesbarkeit verzichtet.

Einleitung

Problemstellung und Ziel des Assignments

Im Rahmen dieses Assignments sollen die Interaktionsmöglichkeiten von Künstlicher Intelligenz unterstützter Applikationen im Internet verglichen und insbesondere im Hinblick auf die Kriterien Sicherheit, Flexibilität, und Effektivität beurteilt werden.

Teilziele

Um die Interaktionsmöglichkeiten von Künstlicher Intelligenz unterstützter Applikation beurteilen zu können, werden im ersten Teil des Assignments die Kriterien definiert. Es wird daraufhin Künstliche Intelligenz definiert und erklärt, um eine gleiche Grundlage für das Thema zu haben. Ferner werden Interaktionsmöglichkeiten von Künstlicher Intelligenz unterstützter Applikationen definiert.

Im Hauptteil dieses Assignments werden drei ausgewählte Interaktionsmöglichkeiten definiert und anhand der Kriterien Sicherheit, Flexibilität und Effektivität beurteilt. Nach dieser Definition werden die Interaktionsmöglichkeiten verglichen, um damit in Gänze auf die Problemstellung des Assignment einzugehen.

Im Schlussteil wird das Assignment kurz zusammengefasst und die Erkenntnisse mit der Problemstellung abgeglichen. Nach der kritischen Würdigung wird ein Ausblick auf die zukünftige Entwicklung im Bereich KI unterstützter Applikationen im Internet gegeben.

Grundlagen

Erläuterung der Kriterien: Sicherheit, Flexibilität und Effektivität

Die drei Kriterien, Sicherheit, Flexibilität und Effektivität, können in Bezug auf die Interaktionsmöglichkeiten von KI gestützten Applikationen im Internet, verschiedene Ausprägungen haben. Durch die hier angegebene Definition der Kriterien, wird versucht eine Vergleichbarkeit der einzelnen Interaktionsmöglichkeiten zu schaffen, welche im darauffolgenden Abschnitt vorgenommen wird.

Das Kriterium der Sicherheit einer Interaktionsmöglichkeit betrifft unter anderem die Datensicherheit der verschiedenen Interaktionsmöglichkeiten. Auch der Punkt des Schutzbedürfnisses der Daten wird beleuchtet, z.B. die Eingabe von unternehmerischen sensiblen Daten.

Flexibilität bedeutet in diesem Rahmen die Anpassungsfähigkeit der Applikation. Inwieweit ist diese veränderbar, reagiert auf die Eingabe des Nutzers und kann nach seinen Wünschen gestaltet werden. Auch die Frage, wie diese auf Unternehmenseite eingebunden werden und wo Ihre Einsatzgebiete liegen, gehören zu diesem Kriterium.

Mit der Effektivität wird der Nutzen einer Applikation aus Sicht von z.B. einem Unternehmen oder einem Nutzer beurteilt.

Definition Künstliche Intelligenz

Kreuzer und Sirrenberg definieren Künstliche Intelligenz als „die Fähigkeit einer Maschine, kognitive Aufgaben auszuführen, die wir mit dem menschlichen Verstand verbinden. Dazu gehören Möglichkeiten zur Wahrnehmung sowie die Fähigkeiten zur Argumentation, zum selbstständigen Lernen und damit zum eigenständigen Finden von Problemlösungen."[1]

Eine andere Definition gibt Mockenhaupt der zwischen starker und schwacher KI unterscheidet. Als starker KI bezeichnet er ein System „die gleichen intellektuellen Fertigkeiten wie der Mensch haben oder ihn darin sogar übertreffen können."[2] Damit ist klar, dass es sich bei der genannten Definition von Kreuzer und Sirrenberg um eine starke KI handelt, da es um die Erledigung von kognitiven Aufgaben geht.

---

[1] *Kreutzer und Sirrenberg, 2019, S. 3.*
[2] *Mockenhaupt, 2021, S. 52.*

Die schwache KI wird definiert als System, was fokussiert ist auf „die Lösung konkreter Anwendungsprobleme auf Basis der Methoden aus der Mathematik und Informatik, wobei die entwickelten Systeme zur Selbstoptimierung fähig sind. Dazu werden auch Aspekte menschlicher Intelligenz nachgebildet und formal beschrieben bzw. Systeme zur Simulation und Unterstützung menschlichen Denkens konstruiert."[3]

Da die starke KI weitgehend nur in Forschungslaboren existiert, sind die in diesem Assignment beschriebenen KIs, schwache KIs, welche im Grunde als „Weiterentwicklung der klassischen Informationstechnologie verstanden werden"[45]

Definition und Bedeutung von Interaktionsmöglichkeiten mit KI unterstützter Applikationen

Um Interaktionsmöglichkeiten mit KI unterstützter Applikation zu definieren und festzulegen, was gemeint ist, muss zuerst betrachtet werden, was unter Interaktion verstanden werden kann.

Laut Gabler Wirtschaftslexikon ist Interaktion die „Wechselseitige Beziehung, die sich über unmittelbare oder mittelbare Kontakte zwischen zwei oder mehreren Personen ergibt, d.h. die Summe dessen, was zwischen Personen in Aktion und Reaktion geschieht"[6] Im Fall der KI unterstützten Applikation ist es die wechselseitige Beziehung zwischen Benutzer und Applikation.

Eine Applikation im Sinne dieses Assignments kann eine Website, ein Programmausschnitt einer Website oder ein eigenständiges Programm sein.

Nehmen wir nun noch die Definition einer KI hinzu, erhalten wir die Definition der Interaktionsmöglichkeit mit einer KI unterstützten Applikation. Es ist im Grunde eine wechselseitige Beziehung zwischen einem Benutzer, einer Website, Programm o. ä. welche durch ein System zur Lösung von Anwendungsproblemen unterstützt wird.

---

[3] *Mockenhaupt, 2021, S. 52.*
[4] *Mockenhaupt, 2021, S. 53.*
[5] *Vgl. Mockenhaupt, 2021, S. 53.*
[6] *Schewe, 2018*

Interaktionsmöglichkeiten im Internet

Analyse von ausgewählten Interaktionsmöglichkeiten

Sprachassistenten

Sprachassistenten sind Systeme, welche die Intention des Sprechenden verstehen. Sie sind damit von einfachen Sprach-Dialog-Systemen zu unterscheiden, welche es seit Jahren für die Steuerung von z.b. Computern gibt und die rudimentären Worte in Computercode umsetzt.[7]

Sprachassistenten werden in textbasierte Dialogsysteme (TTT) und Sprachbasierten Dialogsysteme (STS) unterteilt. Bei TTT handelt es sich um die ersten Varianten von Chatbots, welche eine Kommunikation zwischen Menschen und Maschine mittels Texteingabe und Textausgabe zulässt.[8]

Die Intention des gesprochenen verstehen STS mittels dem KI-Prozess Natural-Language-Understanding (NLU) welche auf dem Natural-Language-Processing (NLP) aufbaut. NLP beschäftigt sich mit z.B. Eigennamen-erkennung, Wortart-Annotation, etc. während NLU sich mit Stimmungsanalyse, Paraphrasen, etc. beschäftigt. Abbildung 1 zeigt die Überschneidungen dieser beiden Prozesse. NLU und NLP werden auch von den weiteren Interaktionsmöglichkeiten genutzt, die im Zuge dieses Assignments vorgestellt werden, dort werden wir nicht noch einmal darauf eingehen.[9]

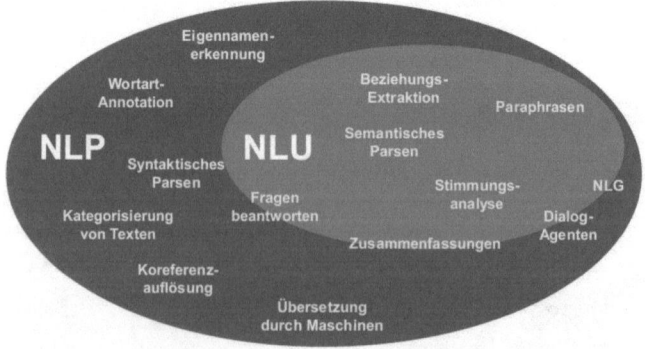

Abbildung 1 Funktionen innerhalb des Natural-Language-Processings[10]

---

[7] *Vgl. Hörner, 2019, S. 7 f.*
[8] *Vgl. Kreutzer und Sirrenberg, 2019, S. 35.*
[9] *Vgl. Kreutzer und Sirrenberg, 2019, S. 28 ff.*
[10] *Kreutzer und Sirrenberg, 2019, S. 32.*

Im Bereich der Sicherheit von Sprachassistenten warnt das BSI (Bundesamt für Sicherheit in der Informationstechnik) vor der Herausgabe von persönlichen Daten. Der Nutzen ist mit der Herausgabe der Daten abzuwägen. Durch die Speicherung in der Cloud kann es zu Datendiebstahl kommen, des weiteren ist vielen Benutzern bei Verwendung nicht klar, wie Ihre Daten verwendet werden können.[11]

Auch eine fehlende Authentifizierung kann zu einem Risiko werden, so können Sprachassistenten allein durch Sprechen des jeweiligen Namens ausgelöst werden und können damit Zugriff auf persönliche Daten erhalten.[12]

Der Einsatz von Sprachassistenten ist vielfältig. So können sie über Smartphones eingesetzt werden z.B. Siri, Google Assitant, etc. Auch über den Fernseher oder über eigenen Hardware-Geräte wie z.B. Alexa ist der Einsatz eines Sprachassistenten möglich.[13] Dies geht bis zu einer Einbindung in den Kundenservice eines Unternehmens. Sprachassistenten sind durch die verschiedensten Einsatzgebiete und Möglichkeiten äußerst flexibel.

Sprachassistenten wie Alexa, Siri oder der Google Assitant unterstützen den Menschen in vielen Bereichen und können äußerst effektiv eingesetzt werden. So können als Beispiel Apps von Unternehmen Schnittstellen bereitstellen, um den Sprachassistenten zu ermöglichen, Anfrage an diese Weiterzuleiten und die gewünschten Operationen durchzuführen. Ein Beispiel wäre die Anfrage an eine potenzielle Aldi App mit „Alexa, frag Aldi nach den Angeboten für nächste Woche". Die Anfrage würde an die installierte Aldi App weitergeleitet werden und das Unternehmen kann entscheiden, wie sie mit dieser umgeht. Dies führt nicht nur aufseiten des Benutzers zu einer Erleichterung, auch aufseiten des Unternehmens kann dies zu Marketingzwecken genutzt werden.[14]

Chatbots

„Chatbots sind digitale Dialogsysteme, d.h. Softwarekomponenten, welche die menschliche Kommunikation in textueller Form simulieren. Sie treten mit textbasierter

---

[11] BSI, kein Datum
[12] Digitale Assistenten, 2019, S. 35.
[13] Vgl. Hörner, 2019, S. 158.
[14] Vgl. Hörner, 2019 S. 16.

Sprache im Rahmen der Mensch-Maschine-Kommunikation mit Nutzern und Konsumenten in den Dialog"[15]

Chatbots sind also die bereits definierten TTS, sie können aus einem Avatar, einem Text Eingabe und Ausgabe Feld bestehen und im Hintergrund nutzt er NLP.

Sie können in verschiedenen Formen auftreten. Einer der häufigsten Formen ist das einfache Fragen und Antwort System, welches vordefinierte Antworten liefern kann, dort aber schnell auf seine Grenzen stößt, wenn fortführende Fragen gestellt werden. Eine weitere Möglichkeit, die für dieses Assignment relevant ist, ist der KI gestützte Chatbots welche „in der Lage sind, offen formulierte Fragen zu analysieren und aus verfügbaren Daten und Informationen Antworten in Textform zu generieren"[16]

Neben dem Textverständnis durch NLP werden KI gesteuerte Bots an Wissensdatenbanken angeschlossen und ermöglichen eine differenziertere Aussage als reine Frage-Antwort Chatbots. Einer der momentan bekanntesten Chatbots ist ChatGPT. Durch Erweiterung der Datenbank und Verknüpfung mit Deep-Learning-Ansätzen können Chatbots selbständig lernen, erkennen Muster bei Fragen und Antworten, und ermöglichen damit eine verbesserte Kundenkommunikation[17]

Durch die Anbindung von Datenbanken an einen Chatbot und durch Verknüpfung von Deep-Learning-Ansätze entsteht auch ein Sicherheitsrisiko. So kann durch falsche Datenpflege oder durch Desinformationskampagnen, falsche Informationen in die Datenbank gelangen und der Chatbot generiert nicht korrekte Aussagen. Dies ist ein Sicherheitsrisiko was den Nutzen eines Chatbots zu Nichte macht.[18]

Auch Bedenken beim Datenschutz sind zu berücksichtigen. So werden die Chats gespeichert und für Deep-Learning verwendet, um die KI zu verbessern, werden in diesem Chat sensible Daten übertragen, kann dies zu erheblichen Sicherheitslücken führen.[19]

Chatbots können flexibel eingesetzt werden, trotz ihrer der begrenzten Flexibilität durch die Anbindung an eine Datenbank. Steht diese nicht zur Verfügung, können keine

---

[15] Stäcker und Stanoevska-Slabeva, 2018, S. 39.
[16] Stäcker und Stanoevska-Slabeva, 2018, S. 39.
[17] Gentsch, 2018, S. 89 f.
[18] Vgl. Gentsch, 2018, S. 90 f.
[19] Vgl. Gentsch, 2018 S. 109.

Aussagen durch den Chatbot getroffen werden. Eine Datenbank mit aktuellen Informationen ist notwendig, um das Potenzial eines Chatbots auszunützen. Einsatzgebiete des Chatbots können unterschiedlich sein. Neben dem Einsatz im Kundensupport können Chatbots im E-Commerce Sales Bereich z.b. den Kunden bei seiner Kaufentscheidung mit wichtigen Informationen versorgen.[20] Der Einsatz ist vielfältig denkbar und nicht auf einen Bereich wie z.b. E-Commerce beschränkt

Durch die Anbindung von Online-Datenbanken und durch selbständiges Lernen können Chatbots äußerst effektiv sein, Antworten schneller dem Kunden zur Verfügung stellen als das z.B. es ein menschlicher Kundensupport oder der Mensch selbst könnte. Auch die durchgehende Verfügbarkeit des Chatbots steigert seine Effektivität, er kennt keine Arbeitszeiten, solange die Server und die Datenbanken laufen, arbeitet der Chatbot.

Suchmaschinen

Eine KI unterstützte Suchmaschine bietet beispielsweise Google. Mit Rank Brain wurde 2015 eine KI eingeführt, welche die Suchergebnis-Reihenfolge aufgrund seiner bisherigen Suchanfragen reiht. Es adaptiert den genutzten Algorithmus und damit die Anzeige der Suchanfragen selbständig. Durch Deep Learning lernt der Algorithmus eigenständig und erfährt durch das User Verhalten nach der Suchanfrage, wie er sich weiter selbst optimieren kann.[21]
Die KI in Suchmaschinen ist ein neues Feld, zeigt das Amazon noch keine KI in seiner Suche integriert hat, hier wird angedacht eine ChatGPT ähnliche Suche zu integrieren. Bestätigt wurde dies von Amazon Seite offiziell noch nicht.[22]

Sicherheitsbedenken können bei der Nutzung von Suchmaschinen, welche KI gestützte Ergebnisse liefern, aufkommen, wenn man betrachtet, dass die KI aus vorherigem Nutzerverhalten lernt. Es könnten, wie bei den Chatbots, zu Desinformationskampagnen kommen. Eine Manipulierung der KI z.B. durch Bots, welche mit Hunderttausenden

---

[20] Vgl. Gentsch, 2018, S. 105.
[21] Vgl. Rus, 2023
[22] Vgl. Brien, 2023

Anfragen und Aufruf einer speziellen Website die KI beeinflussen, scheint im Rahmen des Möglichen und muss vonseiten des Suchmaschinen-Betreibers verhindert werden. Auch können Suchanfragen teils sensible Daten enthalten, welche durch eine lernende KI gespeichert und verwendet werden, erscheint datenschutzrechtlich bedenklich.

KI ungestützte Suchmaschinen sind in Ihrem Verhalten sehr flexibel, da Sie sich wie beschrieben an die Nutzereingabe anpassen und stetig dazu lernen. Der Einsatz von Suchmaschinen scheint nicht nur im Bereich der Informationsbeschaffung, sondern auch im Bereich des E-Commerce und anderen Bereichen, in denen eine Suchmaschine benötigt wird denkbar.

Durch die Anpassung an das Suchverhalten des Nutzers sind KI gestützte Suchmaschinen äußerst effektiv. Für den Nutzer, welcher durch sein Verhalten mit den Sucherergebnisses oder durch die Eingabe von neuen, geänderten Suchbegriffen der KI mitteilen kann, was er sucht und in welchem Kontext er sich bewegt erhöht den Nutzen einer solchen Suchmaschine deutlich.

Vergleich der Interaktionsmöglichkeiten

Nach der Betrachtung von drei Interaktionsmöglichkeiten gilt es diese im Hinblick auf Sicherheit, Flexibilität und Effektivität zu vergleichen.

Bei allen drei Interaktionsmöglichkeiten ist beim Thema Sicherheit immer die Manipulation von KI aufgetaucht. Desinformation Kampagnen können KI beeinflussen, wenn keine Schutzmechanismen aufseiten der Unternehmen vorhanden sind.
Der Nutzer würde eine Manipulation nicht merken und wäre dieser ausgeliefert. Eine solche Manipulation ist auch ohne KI z.B. bei Suchmaschinen denkbar. So kann ein Algorithmus der Suchergebnisse reiht auch beeinflusst werden, in dem Websiten die gewichtigsten Punkte umsetzen und sich so im Suchergebnis Ranking weit oben platziert.
Diese Art der „Manipulation" nennt sich dann SEO-Optimierung.
Ein weiterer Punkt, der auch auf alle drei Interaktionsmöglichkeiten zutrifft, ist der Datenschutz. Da die KI mit Daten lernt und diese wiederverwendet, werden z.B. Suchanfragen, Unterhaltungen mit Chatbots gespeichert und für neue Suchanfragen

herangezogen. Ob dies datenschutzrechtlich konform ist, muss in den einzelnen Fällen geprüft werden.

Beim Thema Flexibilität sind alle Interaktionsmöglichkeiten flexibel, da sie auf die Interaktion mit dem Benutzer reagieren und sich an ihn anpassen. Hier sticht der Chatbot und der Sprachassistent heraus, weil ihr Einsatz in vielen Bereichen, zum Beispiel im Kundensupport aber auch im E-Commerce Sales Bereich möglich ist. Im Vergleich zu Tools wie Chatbots ohne KI-Unterstützung sieht man eine deutliche Verbesserung der Flexibilität.

Im Bereich der Effektivität verhält es sich, wie mit der Flexibilität. Alle Interaktionsmöglichkeiten sind durch die Unterstützung von KI äußerst effektiv. Die Benutzer kommt z.B. schneller zu den gewünschten Suchergebnissen oder muss keine Apps öffnen, um mit einem Unternehmen zu interagieren, sondern kann dies durch Sprachassistenten erledigen.

In allen betrachteten Kriterien sind die Interaktionsmöglichkeiten Vergleichbar und unterscheiden sich kaum voneinander. Dies liegt an der unterstützenden KI, welche bei allen drei Möglichkeiten eine vergleichbare Technik einsetzt.

Vergleich und Zusammenfassung

Zusammenfassung und Fazit

Im Zuge dieses Assignments wurde sich mit ausgewählten Interaktionsmöglichkeiten von KI gestützten Applikation im Internet beschäftigt. Darunter Sprachassistenten, Chatbots und KI unterstützte Suchmaschinen, welche definiert und nach den Kriterien Sicherheit, Flexibilität und Effektivität beleuchtet wurden.

Im Vergleich der Interaktionsmöglichkeiten zeigten sich die genannten Kriterien weitgehend vergleichbar, da alle KI-gestützt sind und diese ähnlichen Techniken z.B. der

Sprachverarbeitung nutzen. KI unterstützte Applikationen erweisen sich als äußerst flexibel und effektiv für den Nutzer.

Sie bieten eine vielversprechende Zukunft und es wird erwartet, dass sie in den kommenden Jahren verstärkt eingesetzt werden. Allerdings sind mit ihrem Einsatz Herausforderungen insbesondere hinsichtlich Datenschutzes und Sicherheit zu bewältigen. Trotz dieser Bedenken wird KI im Internet eine wichtige Rolle spielen und hat das Potential Menschen in vielen Bereichen positiv zu unterstützen.

Kritische Würdigung der Arbeit

Es hat sich als schwierig erwiesen, zu diesem Thema die passende Literatur zu finden, welche nicht nur allgemein auf KI eingeht. So mussten Erkenntnisse aus der gefundenen Literatur abgeleitet werden. Zum Thema Flexibilität gab es kaum passende Quellen, woraufhin eigene Erkenntnisse und logische Schlussfolgerungen genutzt werden mussten. Auch funktioniert die KI hinter den Applikationen meist sehr ähnlich, was zum Ergebnis hat, dass ähnliche Bewertungen der Kriterien entstanden sind.

Ausblick auf die Zukunft von KI im Internet

KI wird in den nächsten Jahren in Hinblick auf Einbindung in Applikationen im Internet zunehmen. Die Möglichkeiten scheinen kaum begrenzt und KI kann in den unterschiedlichsten Bereichen eingesetzt werden. So können z.B. Lernsysteme und Plattformen durch KI unterstützt werden, Chatbots werden vermehrt als Berater auftreten, etc. Durch KI können heute komplexe Aufgabenstellungen bewältigt und dem Nutzer damit ein Tool an die Hand gegeben werden, um seine Effektivität zu steigern. Es können Applikationen mit unstrukturierten Daten (Big Data) gespeist werden, um so z.B. Wettervorhersagen noch präziser treffen zu können.[23]

Durch die KI-Unterstützung in Bereichen des Internets wie z.B. den Kundensupport kann es aber auch zu Umstrukturierungen in Firmen kommen, was den Erhalt von

---

[23] Vgl. *Kreutzer und Sirrenberg, 2019, S. 317 ff.*

Arbeitsplätzen in diesem Bereich negativ betrifft. Es werden Jobs, die heute noch vom Menschen übernommen werden, zur Gänze von KI übernommen werden können.[24]

Es werden aber auch Kompetenzen aufgebaut und Menschen wird mit KI die Möglichkeit gegeben, ohne eine umfassende Recherche an relevante Daten zu kommen. Der Mensch erhält die für Ihn relevanten Informationen gebündelt und kann sich z.B. auf „die Entwicklung neuer Konzepte und deren Implementierung"[25] konzentrieren.[26]

Kritisch zu hinterfragen ist in diesem Umfeld der Umgang mit Daten, die eine KI durch einen Nutzer erhält und mit der Sie initial gespeist wird. Für den Nutzer muss klar ersichtlich sein, was mit seinen Daten passieren wird. In Zukunft werden durch den Einsatz von KI große Datenmengen und Daten miteinander verknüpft und auswertbar gemacht, was dazu führen sollte, dass „ein weltweit rechtsverbindlicher Rechtsrahmen mit eigenen Regeln zu entwickeln [...]"[27] ist, der „über die derzeitigen Vorschriften der Datenschutz-Grundverordnung [...]"[28] hinausgeht und „die ständige Entwicklung der Technik ausreichend [...]"[29] berücksichtigt.

---

[24] Vgl. Kreutzer und Sirrenberg, 2019, S. 317 ff.
[25] Vgl. Kreutzer und Sirrenberg, 2019, S. 318.
[26] Vgl. Kreutzer und Sirrenberg, 2019, S. 318.
[27] Conrad, 2017, S. 744.
[28] Conrad, 2017, S. 744.
[29] Conrad, 2017, S. 744.

Literaturverzeichnis

Brien, Jörn. 2023. *t3n - digital pioneers.* 14. Juni. Zugriff am 28. Juli 2023. https://t3n.de/news/produkt-reviews-amazon-ki-1558907/.

BSI. kein Datum. *Bundesamt für Sicherheit in der Informationstechnik.* Zugriff am 27. Juli 2023. https://www.bsi.bund.de/DE/Themen/Verbraucherinnen-und-Verbraucher/Informationen-und-Empfehlungen/Internet-der-Dinge-Smart-leben/Smart-Home/Digitale-Assistenten/digitale-assistenten.html?nn=131444#doc509336bodyText2.

Conrad, C. S. . 2017. „Künstliche Intelligenz — Die Risiken für den Datenschutz." *Datenschutz und Datensicherheit - DuD,* 06. Dezember: 740–744.

2019. *Digitale Assistenten.* Studie, Wien: Institut für Technikfolgen-Abschätzung der Österreichischen Akademie der Wissenschaften.

Gentsch, Peter. 2018. *Künstliche Intelligenz für Sales, Marketing und Service - Mit AI und Bots zu einem Algorithmic Business – Konzepte, Technologien und Best Practices.* Wiesbaden: Springer Gabler.

Hörner, Thomas. 2019. *Marketing mit Sprachassistenten, So setzen Sie Alexa, Google Assistant & Co strategisch erfolgreich ein.* Wiesbaden: Springer Gabler.

Handelsblatt. 2023. 16. Juni. Zugriff am 28. Juli 2023. https://www.handelsblatt.com/technik/it-internet/kuenstliche-intelligenz-ki-entwickler-google-warnt-eigene-beschaeftigte-vor-risiken-von-chatbots/29211522.html.

Kreutzer, Ralf K., und Marie Sirrenberg. 2019. *Künstliche Intelligenz verstehen, Grundlagen – Use-Cases – unternehmenseigene KI-Journey.* Wiesbaden: Springer Gabler.

Mockenhaupt, Andreas. 2021. *Digitalisierung und Künstliche Intelligenz in der Produktion, Grundlagen und Anwendung.* Wiesbaden: Springer Vieweg.

Rus, Alexander. 2023. *evergreen media.* 23. Juni. Zugriff am 27. Juli 2023. https://www.evergreenmedia.at/ratgeber/google-rankbrain/.

Schewe, Prof. Dr. Gerhard. 2018. „Wirtschaftslexikon Gabler." 14. Februar. Zugriff am 26. Juli 2023. https://wirtschaftslexikon.gabler.de/definition/interaktion-39396/version-262805.

Stäcker, O., und K. Stanoevska-Slabeva. 2018. „Quo vadis Chatbots?" *Wirtschaftsinformatik & Management*, 14. Dezember: 38–46.